Ròna agus MacCodruim

A short novel for Gaelic learners

Ròna agus MacCodruim

First edition 2018

Author: Jason Bond
Editor: Kirstin Plante
Cover design: Olga Duijn and Arcos Publishers
Book design: Olga Duijn
Book layout: Kirstin Plante

Arcos Publishers
Molengouw 36
1151 CJ Broek in Waterland
info@arcospublishers.com
www.arcospublishers.com

ISBN 9781791750244
BISAC LAN012000

Keywords: language learning, Gaelic, level 1, CERF A1, folk tale

Contents

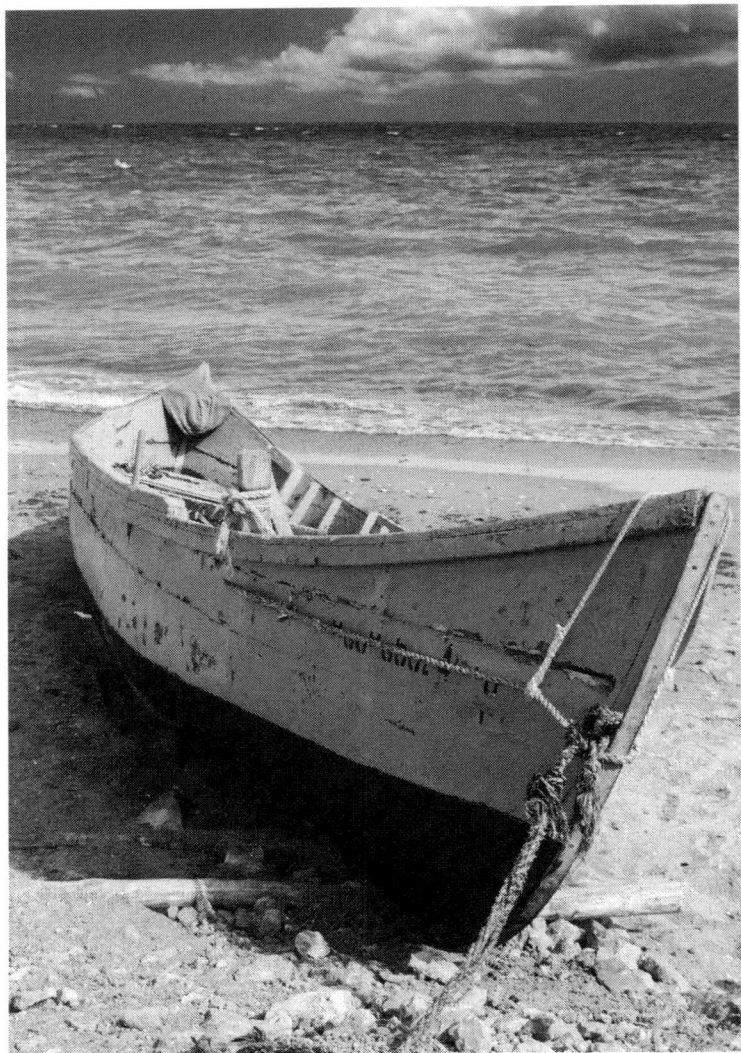

Seinn

Bha duine a' fuireach air eilean beag. B' e Mac-Codruim an t-ainm a bh' air an duine. Bha an t-eilean brèagha agus sàmhach. Dh'fhuirich MacCodruim ann an taigh. Bha an taigh caran mòr agus caran beag agus bha e faisg air an tràigh. Bha an tràigh brèagha. Bha MacCodruim a' fuireach faisg air an tràigh oir bha e na iasgair.

Bha MacCodruim math air iasgach. Bha bàta mòr luath aige. Gach latha, bha e anns a' bhàta, ag iasgach agus a' seinn ris fhèin. Bha e math air seinn cuideachd. Ged a bha e math air seinn agus math air iasgach, bha e brònach.

Bha e brònach oir bha e aonaranach. Cha robh bean aige. Bha MacCodruim aonaranach anns an taigh. Bha an taigh aonaranach gun bhean. Bha e aonaranach anns an leabaidh cuideachd.

Bha e ag iarraidh bean. Bha e ag iarraidh clann: gille agus nighean cuideachd.

Aon mhadainn, bha MacCodruim a' dol gun tràigh. Bha e a' dol a dh' iasgach. Chaidh e gun tràigh. Bha an latha math airson iasgaich oir bha i grianach agus blàth. Bha an t-iasgach nas fheàrr nuair a bha e caran blàth agus caran grianach.

Chaidh e gun tràigh agus bha e a' seinn ris fhèin: "Tha bàta agam, tha taigh agam, ach chan eil bean bhrèagha agam..."

Gu h-obann, chuala e seinn. Bha cuideigin eile a' seinn. Bha iad faisg.

"Cò tha sin?" thuirt MacCodruim. "Cò tha seinn? Cò tha sin?"

Bha creagan anns a' mhuir faisg air an tràigh. Dh'fhuirich ròin anns a' mhuir faisg air na creagan. Bha an t-seinn bhrèagha a' tighinn bho na creagan. An robh cuideigin a' seinn air na creagan?

Tha sin caran neònach, smaoinich MacCodruim. Cha robh daoine eile a' fuireach faisg air an tràigh. Cha robh taighean eile ann. Bha ròin ann ach cha robh duine a' fuireach an sin.

"Hmmm," thuirt MacCodruim ris fhèin. "Cò tha sin? Cuideigin a' seinn air na creagan? Tha mi a' dol an sin."

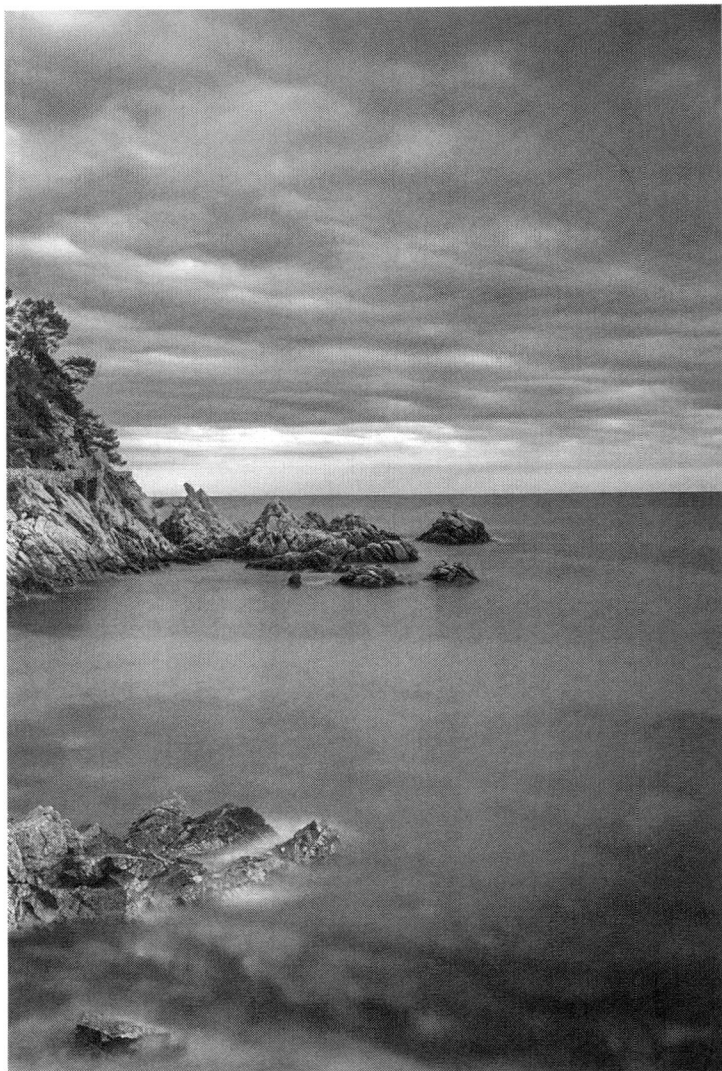

Na Creagan

Chuir e am bàta anns an uisge agus an uair sin chaidh e gu na creagan. Gu h-obann, chunnaic e boireannach. Boireannach brèagha. Bha am boireannach air na creagan.

Bha i na suidhe agus bha i a' seinn. Bha a falt cho donn ri cnòthan. Smaoinich MacCodruim gun robh i brèagha. Glè bhrèagha. Am boireannach as brèagha a chunnaic e riamh!

Bha MacCodruim ag iarraidh bruidhinn rithe agus chaidh e faisg air na creagan. Nuair a bha e faisg, chunnaic e gun robh a sùilean cho gorm ris a' mhuir.

"Latha brèagha." thuirt e rithe.

Chunnaic am boireannach e. Stad i dhen t-seinn

nuair a chunnaic i e. Thuirt i rudeigin ach cha robh MacCodruim a' tuigsinn oir bha e ann an cànan neònach.

"Dè?" thuirt MacCodruim. "Chan eil mi a' tuigsinn. Is mise MacCodruim." Na bheachd, bha am boireannach glè bhrèagha ach caran neònach cuideachd. Bha cànan neònach aice. Dè bha i ag ràdh? Cuideachd… càit an robh am bàta aice? Ciamar a fhuair i gu na creagan?

Chunnaic MacCodruim rudeigin air na creagan. Rudeigin donn. Bha e faisg air an uisge. Còta. Bha e donn, cho donn ri cnòthan. *Carson a tha còta aice?* Smaoinich MacCodruim. *Tha an latha grianach agus blàth. Chan eil mi a' tuigsinn.*

"Càit a bheil thu a' fuireach?" thuirt MacCodruim. "A bheil thu a' fuireach faisg air an àite seo?"

Thuirt am boireannach rudeigin ach cha robh e a' tuigsinn. Bha i fhathast a' bruidhinn ann an cànan neònach.

Smaoinich MacCodruim ris fhèin: *Tha am boireannach as brèagha a chunnaic mi riamh a seo. Tha i math air seinn. Tha cànan neònach aice agus chan eil mi ga tuigsinn ach...tha e aonaranach anns an taigh. Tha mi sgìth dhen a bhith aonaranach. Tha boireannach aig a bheil cànan neònach nas fheàrr na a bhith aonranach. Dè tha mi a' dol a dhèanamh?*

Bha am boireannach a' seinn a-rithist agus bha i a' coimhead air a' mhuir. Gu h-obann, chuir MacCodruim an còta anns a' bhàta aige. Chuir e an còta donn anns a' bhàta gu luath nuair a bha am boireannach fhathast a' coimhead air a' mhuir. Chan fhaca i e.

"Tha mi a' dol dhachaidh." thuirt MacCodruim ris a' bhoireannach. Cha tuirt i sìon.

Chaidh e air ais gun tràigh anns a' bhàta. Nuair a bha e air an tràigh a-rithist, choimhead e air a' chòta dhonn. Chan fhaca e riamh còta mar seo. Bha e gleansach agus mìn. Cho mìn ri sìoda. Bha e a' coimhead daor. An robh am boireannach beairteach? Boireannach brèagha beairteach a bha a' suidhe air creagan anns a' mhuir...glè neònach.

Chaidh MacCodruim air ais gu na creagan anns an fheasgar. Bha am boireannach fhathast ann ach cha robh i a' seinn. Bha i sàmhach agus bha i a' coimhead brònach. Glè bhrònach.

"Feasgar math." thuirt MacCodruim. "Dè tha ceàrr?"

Bha i sàmhach. An robh i ag èisteachd?

"A bheil thu beairteach?" thuirt e. "Carson a tha thu air na creagan seo?"

Bha i fhathast sàmhach.

"A bheil an t-acras ort?" thuirt MacCodruim. "Biadh? Ithe?"

Choimhead i air.

"Dè an t-ainm a th' ort?" thuirt MacCodruim. Carson an robh i cho sàmhach?

"Is mise Ròna." Thuirt i gu h-obann.

"Tha mi gad thuigsinn! Ach...bha cànan neònach agad..."

"Tha cànan neònach agad fhèin[1]." thuirt Ròna.

"Feumaidh tu a bhith fuar, Ròna." Thuirt Mac-Codruim. "Tha taigh agam faisg air an tràigh. Chan eil mi beairteach ach tha teine agus biadh blasta anns an taigh agam. A bheil thu ag iarraidh dìnnear?"

"Tha." thuirt Ròna agus chaidh i dhan bhàta.

_____

1. You speak a strange language yourself

Uisge agus Èisg

Chaidh iad gun taigh. Bha an oidhche a' tighinn agus bha an taigh fuar. Rinn MacCodruim teine.

"Suidh ri taobh an teine, a Ròna. Tha e blàth a seo." thuirt e. Nuair a bha i a' dol gun teine, chaidh MacCodruim gu luath gun phreasa ri taobh an dorais. Chuir e an còta gleansach mìn ann. Chan fhaca Ròna e.

"A bheil thu ag iarraidh sìon? Cupa tì?" Thuirt MacCodruim nuair a bha e deiseil.

"Tha." Thuirt Ròna bho ri taobh an teine. "Uisge."

Uisge a-rithist. Bha sin cho neònach. Chuir e cupa a dh'uisge air a' bhòrd do Ròna. An uair sin rinn e dìnnear.

Chuir e glasraich ann am poit air an teine agus rinn e brot. Chuir e dà iasg air an teine cuideachd.

Nuair a bha am brot agus na h-èisg deiseil, chuir e beagan arain air a' bhòrd. Bha an dìnnear deiseil. Bha MacCodruim na iasgair agus cha robh e cho math air còcaireachd.

"Tha an dìnnear deiseil. A bheil thu deiseil ri ithe, Ròna?" Thuirt MacCodruim. Bha e cho math gun robh i anns an taigh! Bha e cho sona gun robh cuideigin eile ag ithe dìnnear còmhla ris. Bha e ag iarraidh "Ròna" a ràdh a-rithist agus a-rithist agus a-rithist.

Chaidh Ròna gun bhòrd agus shuidh i. Choimhead i air a' bhiadh. Choimhead i air an aran.

"Dè tha sin?" thuirt i.

Dè? Nach robh i eòlach air aran? "Aran. Rinn mi fhìn e." thuirt MacCodruim. Nach fhaca i aran riamh?

"Agus seo?"

"Brot le glasraich. Tha e blasta."

"A bheil thu cinnteach?" thuirt Ròna. Choimhead i air an dà iasg air a' bhòrd.

"Sin iasg." thuirt MacCodruim.

"Na bi gòrach!" thuirt i. "Chunnaic mi iasg roimhe!"

Cha do dh'ith Ròna an t-aran no am brot. Dh'ith i an dà iasg agus dh'òl i an t-uisge.

As dèidh dìnnear, rinn MacCodruim an leabaidh dhi. Bha Ròna na suidhe aig an uinneag ri taobh an teine, a' coimhead air a' mhuir. Bha i fhathast a' coimhead brònach.

Carson a tha i brònach? Smaoinich MacCodruim ris fhèin. *Chan eil i na suidhe air creagan fuara. Bha dìnnear math againn. Tha teine againn anns an taigh agus tha sinn blàth. Carson nach eil i sona?*

'S dòcha gu bheil i sgìth.

"A bheil thu sgìth?" thuirt MacCodruim. "Tha an leabaidh deiseil. Tha e caran beag ach tha e blàth.

"Chan eil mi ag iarraidh a bhith anns an leabaidh."

"A bheil thu cinnteach, Ròna?"

Bha i sàmhach.

"A bheil thu ag iarraidh sìon?" thuirt e.

"Uisge. Ann an cupa."

Teaghlach

Bliadhna as dèidh bliadhna, dh'fhuirich Ròna còmhla ri MacCodruim. Bha dachaidh aca anns an taigh faisg air an tràigh. Bha MacCodruim fhathast ag iasgach ach cha robh e a' còcaireachd. Bha Ròna a' deanamh còcaireachd agus bha biadh nas fheàrr aca.

Bha clann aca cuideachd. Bha nighean aca. B' e Eilidh an t-ainm a bh' oirre agus bha i ochd. Bha gille beag aca cuideachd agus b' e Calum an t-ainm a bh' air. Bha e còig.

Cha robh a' chlann coltach ri MacCodruim idir. Bha iad coltach ri Ròna le falt cho donn ri cnòthan agus sùilean cho gorm ris a' mhuir. Smaoinich MacCodruim gu b' iad an nighean agus an gille as brèagha. A' chlann as brèagha a chunnaic e riamh. Bha MacCodruim glè shona a-nis. Bha e sona oir bha bean agus clann aige! Cha robh an taigh aonaranach le bean agus clann ann. Bha e sona gun robh Ròna a' dèanamh còcaireachd cuideachd. Bha i nas fheàrr air còcaireachd. Bha iad ag ithe nas fheàrr a-nis. Bha i math air aran a dhèanamh agus bha i math air brot le iasg a dhèanamh cuideachd.

Gach latha, chaidh MacCodruim a dh'iasgach anns a' bhàta aige. Sheinn e: "Tha bean agam, tha taigh agam, tha clann anns an taigh agam…"

Nuair a bha MacCodruim ag iasgach air a' mhuir, bha Ròna còmhla ri Eilidh agus Calum. Rinn iad biadh còmhla. Chaidh iad a shnàmh còmhla. Chluich iad còmhla. Gach oidhche, bha Ròna na suidhe aig an uinneag, a' coimhead air a' mhuir. Gach oidhche nuair a thàinig e dhachaidh bhon tràigh, chunnaic MacCodruim i aig an uinneag. *Tha mi fortanach,* smaoinich MacCodruim. *Tha mo bhean aig an uinneag, a' coimhead orm. Nach eil sin math? Nach eil mi fortanach?*

Aon oidhche, thàinig MacCodruim dhachaidh

agus bha e glè sgìth agus feargach. Cha robh an
t-iasgach math an latha sin agus cha robh iasg
aige airson an dìnnear.

Chaidh e air ais gun tràigh. Chaidh e dhan taigh.
Bha Ròna agus Calum a' dèanamh brot air an
teine. Bha Eilidh a' cur soitheachan agus cupan
air a' bhòrd.

"Athair! Tha thu air ais!" thuirt Eilidh agus ruith i
thuige. Ruith Calum thuige cuideachd.

"Tha dìnnear gu bhith deiseil." thuirt Ròna bho
thaobh an teine. "Dè fhuair thu an-diugh?"

"Cha do fhuair mi sìon." thuirt MacCodruim gu
feargach. "Cha robh na h-èisg ag iarraidh tighinn."

"Cha tàinig iad idir?"

"Cha tàinig sìon." thuirt e.

Shuidh MacCodruim aig a' bhòrd, fhathast
feargach.

"Uill, tha aran againn." thuirt Ròna. "Tha bainne agus buntàta againn. Tha maorach agam cuideachd. Fhuair mi iad nuair a bha sinn air an tràigh an-diugh."

"Maorach? Maorach? Chan eil sinn beartaich ach chan eil sinn a' dol a dh'ithe maorach!" [2]

"Tha iad nas fheàrr na a bhith gun bhiadh." thuirt Ròna.

Bha Ròna ceart ach cha robh MacCodruim ag iarraidh a ràdh gun robh.

"Maorach," thuirt e gu feargach, a' suidhe aig a' bhòrd. "Maorach airson dìnnear!"

Nuair a bha am brot agus am buntàta deiseil,

2. Shellfish were historically considered to be the food of the poor. Centuries ago, it could be considered an insult to offer them to someone of high social standing; who could afford to raise cattle and have beef.

thàinig Ròna agus a' chlann gun bhòrd. Dh'ith iad gu sàmhach oir bha MacCodruim fhathast a' coimhead feargach.

Chan eil seo ceart. Smaoinich MacCodruim gu h-obann. *Tha mi ag ithe còmhla ri mo bhean agus còmhla ri mo chlann. Tha dìnnear math againn. Feumaidh mi a bhith sona gu bheil biadh againn. Tha sinn fortanach.*

"Tha mi ag iarraidh a ràdh," thuirt e. "Gu bheil mi duilch. Bha mi cho feargach nach d'fhuair mi iasg an-diugh. Chan eil e ceart a bhith feargach ribh. Tha mi duilich gun robh mi feargach."

Choimhead Ròna air. "Tha mi taingeil gun tuirt thu sin, a ghràidh. A-nis, feumaidh sinn ithe no bidh am biadh fuar."

Rìgh nan Ròn

"Mama," thuirt Eilidh. "Tha mi ag iarraidh sgeulachd."

"Dè an sgeulachd a tha thu ag iarraidh, Eilidh beag?"

"Rìgh nan Ròn!"

Rìgh nan Ròn? Dè tha sin? Smaoinich MacCodruim. "Cò a tha ann an Rìgh nan Ròn?" thuirt e.

"Rìgh a tha a' fuireach anns a' mhuir." thuirt Eilidh.

"Anns a' mhuir? Rìgh?"

"Sin ceart, a ghràidh." thuirt Ròna. "A Chaluim, a bheil thu ag iarraidh sgeulachd Rìgh nan Ròn cuideachd?"

Bha Calum a' coimhead oirre le sùilean mòra. "O tha!" thuirt e.

"Cò a bha anns an rìgh seo?" thuirt MacCodruim.

"Tha Rìgh nan Ròn a' fuireach anns a' mhuir. Tha taigh mòr aige. Tha an taigh aige coltach ris an taigh againn ach tha e glè mhòr le tòrr uinneagan agus tòrr dhorsan ann. 'S e an taigh aige an taigh as bhrèagha anns a' mhuir. Tha tòrr chloinne aige agus tha iad a' fuireach anns an taigh mhòr, a' snàmh agus a' seinn."

"Ròin a' seinn?" thuirt MacCodruim. "Tha sin gòrach!"

"Tha na ròin glè mhath air seinn, a ghràidh." thuirt Ròna. "Cha chuala tu iad oir cha robh thu ag èisteachd. A-nise, bha nighean aig Rìgh nan Ròn. B' e Mara an t-ainm a bh' oirre. Aon latha, cha robh i anns an taigh mhòr.

'Mara, càit' a bheil thu?' thuirt an Rìgh. 'Mo nighean bhrèagha, càit' a bheil thu?' Cha robh i ann. As dèidh còig làithean, thàinig ròn beag gun rìgh agus thuirt e…"

"Ròn a' bruidhinn?" thuirt MacCodruim. "Dè tha sin? Gòrach!"

"Athair, ist!" thuirt Eilidh. "Tha mi ag iarraidh èisteachd."

"Bidh ròin a' bruidhinn cuideachd ma nì thu èisteachd[3]." thuirt Ròna. "As dèidh còig làithean, thàinig ròn beag gun rìgh.

'A Rìgh,' thuirt e. 'Chunnaic mi Mara. Chunnaic mi i.'

'Càit' a bheil i?' thuirt an Rìgh. 'Càit' a bheil mo nighean Mara?'

'Chunnaic mi i a' snàmh gu creagan faisg air tràigh. Bha bàta ann agus bha daoine anns a' bhàta. Chuala iad i a' seinn agus chaidh iad gu

3. if you listen

na creagan. Nuair a thàinig iad faisg air Mara, chuir iad lìon anns an uisge. Chaidh Mara anns an lìon agus chuir iad i anns a' bhàta. Tha mi cho duilich, a Rìgh.' thuirt an ròn."

"Dè rinn an rìgh, Mama?" thuirt Calum. "An robh e brònach?"

"Uill, Bha an rìgh glè bhrònach. Bha e feargach cuideachd. 'Mharbh na daoine mo nighean Mara.' thuirt e. 'A-nise, tha sinn a' dol a mharbhadh na daoine.' Nuair a chaidh bàta faisg air na ròin, chuir iad na daoine anns an uisge agus mharbh iad iad. Mharbh iad tòrr dhaoine ach bha Rìgh nan Ròn fhathast brònach.

"Aon latha, thuirt e 'Feumaidh sinn stad. Chan eil seo ceart. Bha na daoine ceàrr Mara a mharbhadh ach tha seo ceàrr cuideachd. Feumaidh sinn stad.' Stad iad. Gach oidhche, ma tha thu faisg air a' mhuir agus ma tha thu ag èisteachd, bidh a' mhuir a' bruidhinn. Bidh e ag radh 'Mara... Mara...'"

Bha iad sàmhach airson mionaid.

"Ròin a' seinn agus am muir a' bruidhinn. Tha sin cho gòrach agus cho neònach." thuirt Mac-Codruim. "Tha mi a' dol dhan leabaidh." Rinn e sin ach dh'fuirich Ròna aig an uinneag ri taobh an teine, a' coimhead air a' mhuir agus air an tràigh.

An Còta

An ath latha, chaidh Ròna agus a' chlann gun tràigh còmhla ri MacCodruim. Chuir Ròna baga le biadh anns a' bhàta. Bha MacCodruim deiseil a dhol a dh'iasgach ach stad e.

Choimhead e air Ròna agus air a' chlann. Bha Calum agus Eilidh a' snàmh. Cha robh iad coltach ri clann eile. Bha Eilidh agus Calum math air snàmh. Bha iad glè mhath air snàmh. Bha iad coltach ri èisg oir bha iad cho luath anns an uisge. Chaidh Ròna anns an uisge còmhla ris a' chlann cuideachd. Bha i a' choimhead sona. Anns an taigh, cha robh i cho sona. Ach air an tràigh agus anns an uisge, bha i sona a-rithist.

Choimhead MacCodruim air a' chlann a' snàmh. *Tha mi fortanach,* smaoinich e. Chuir e am bàta anns an uisge agus chaidh e air a' mhuir.

Choimhead e anns a' bhaga - bha aran, càise, agus maorach ann. Bha e taingeil gun robh biadh math aige ged a bha maorach ann. Latha as dèidh latha, fhuair e baga le biadh blasta bho Ròna. Chaidh i gun tràigh còmhla ris agus chuir i am baga anns a' bhàta. Dh'ith e glè mhath nuair a bha e air a' mhuir.

Aon oidhche fhuar, bha Eilidh agus Calum anns an leabaidh. Bha Ròna na suidhe air an leabaidh, ag innse sgeulachd. Bha MacCodruim na shuidhe ri taobh an teine, a' dèanamh lìon mòr agus ag èisteachd.

"Agus bha còta aige. Còta draoidheil. Chan fhaca duine e nuair a bha an còta air..."

"Coltach ris an còta donn a tha anns a' phreasa, Mama?"

"Coltach ri sin, a ghràidh. Aon latha, chaidh e..."

Sgeulachd neònach. Smaoinich MacCodruim. *Còta draoidheil...hah!* Gu h-obann, chuimhnich e dè bha

anns a' phreasa. An còta mìn gleansach a ghoid e
bho Ròna bliadhnaichean air ais... Obh obh!

Bha Ròna fhathast ag innse sgeulachd agus chaidh
MacCodruim dhan phreasa. Bha e glè shàmhach.
Bha an còta ann - an còta donn gleansach.
Gu sàmhach, chuir MacCodruim an còta ann
am bogsa ri taobh an teine. Chuir e e fo còta eile.
Nuair a bha Ròna deiseil leis an sgeulachd innse
agus bha a' chlann sàmhach anns an leabaidh,
chaidh i dhan phreasa. Choimhead i anns a'
phreasa airson mionaid agus an uair sin chaidh i
gun teine.

"Dè bha thu ag iarraidh anns a' phreasa, a
ghràidh?" thuirt MacCodruim.

"Chan eil sìon." thuirt Ròna agus chaidh iad dhan
leabaidh.

Dachaidh

An ath latha, bha MacCodruim a' dèanamh deiseil a dhol dhan bhàta. Bha i fuar an latha sin agus bha sin caran neònach.

"Tha mi a' falbh, a ghràidh." thuirt e ri Ròna. Cha tuirt i sìon.

"Tha thu caran sàmhach, a ghràidh."

Bha Ròna fhathast sàmhach.

"Dè tha ceàrr, a Ròna?"

Bha i fhathast sàmhach agus chuir i baga le biadh anns a' bhàta. Cha robh MacCodruim a' tuigsinn carson a bha i sàmhach. 'S dòcha gun robh i feargach. Chuir e am bàta anns an uisge agus chaidh Ròna air ais dhan taigh.

Cha robh an t-iasgach cho math an latha sin.
Fhuair MacCodruim trì èisg ach cha robh e
feargach. Bha e a' smaoineachadh air Ròna.
Dè bha ceàrr?

'S dòcha nach eil i feargach a-nis, smaoinich e. Bha
an t-acras air agus choimhead e anns a' bhaga. Cha
robh biadh ann. Bha pìos pàipeir ann. Nota beag.

A Ghràidh,

*Tha thu math air iasgach. Ghoid thu tòrr
èisg bhon mhuir. Ghoid thu mi bhon mhuir
cuideachd. Carson a rinn thu e? Carson a ghoid
thu e?*

*Tha taigh brèagha agus clann brèagha againn.
Tha dachaidh brèagha againn. Dh'fhuirich mi
còmhla riut bliadhna as dèidh bliadhna agus
smaoinich mi air a' mhuir bliadhna as dèidh
bliadhna.*

Dè cho fuar 's a tha e. Dè cho math 's

a tha snàmh. Tha e ceàrr gu bheil mi a seo.
Feumaidh mi seo a dhèanamh.

Tha mi duilich.

-Ròna

Bha rudeigin ceàrr. Gu h-obann, bha MacCodruim
a' tuigsinn. Chaidh e air ais gun tràigh gu luath
agus chaidh e dhan taigh. Cha robh Ròna na
suidhe aig an uinneag. Bha Eilidh agus Calum
a' cluich.

"Athair!" thuirt iad agus ruith iad thuige. "Càit a
bheil Mama?"

"Chan eil i a seo?"

"Chan eil."

Chaidh MacCodruim gun bhogsa ri taobh an teine
gu luath. Cha robh an còta donn gleansach ann.
Obh obh. Ruith e gun tràigh gu luath. 'S dòcha gun

robh i an sin. 'S dòcha gun robh i a' snàmh… Ach cha robh Ròna air an tràigh.

Chunnaic MacCodruim rudeigin anns an uisge. Ròn. Bha an ròn a' coimhead air. Choimhead e air MacCodruim airson mionaid agus an uair sin chaidh e fon uisge. Gu h-obann, bha MacCodruim a' tuigsinn. Bha Ròna a' dol dhachaidh. Chaidh i air ais dhan mhuir.

"Ròna!" thuirt e, an duine brònach air an tràigh. "Ròna!"

Bu toil leam 'mòran taing' a ràdh do Kirstin Plante, Laura Howitt, agus Michael Bauer airson ur stiùireadh is ur cuideachadh leis an leabhar seo. Cha bhiodh e mar a tha e às ur n-aonais.

A bharrachd air sin, ceud mile taing do Catrìona Parsons, Coinneach Nilsen, nach maireann, Mìcheal Linkletter, agus Mìcheal Newton airson ur brosnachadh, ur taic, is ur cuideachadh nuair a thòisich mi air slighe na Gàidhlig a ghabhail. Cha bhithinn mar a tha mi an diugh às ur n-aonais.

Agus a-nis anns a' Bheurla...
 I would like to say, "Thank you very much," to Kirstin Plante, Laura Howitt, and Michael Bauer for their guidance and assistance with this book. It wouldn't be how it is without you.

In addition, a hundred thousand thanks to Catrìona Parsons, the late Kenneth Nilsen, Michael Linkletter, and Michael Newton for your encouragement, support, and assistance when I started down the Gaelic path. I wouldn't be who I am today without you.

Faclair Gàidhlig is Beurla
Gaelic - English glossary

a	*her, his*
a	*to*
a bhith	*being, to be*
a dhèanamh	*to do*
a dhol	*to go*
a dh'iasgach	*to fish*
a mharbhadh	*to kill*
a ràdh	*to say*
a bheil	*is?, are?*
a bheil an t-acras ort?	*are you hungry?*
a bh'oirre: b' e __ an t-ainm a bh'oirre	*her name was __*
a ghràidh	*sweatheart, dear*
a-nis(e)	*now*
a-rithist	*again*
a'	*the; -ing*
a' bruidhinn	*speaking/talking*
a' cluich	*playing*
a' coimhead	*looking, watching*
a' coimhead oirre	*looking at/watching her*
a' coimhead orm	*watching for me*

a' cur	*putting*
a' dèanamh	*doing/making*
a' dèanamh deiseil	*making ready*
a' dol	*going*
a' falbh	*going away*
a' fuireach	*living, staying*
a' mhuir	*the sea*
a' seinn	*singing*
a' smaoineachadh	*thinking*
a' snàmh	*swimming*
a' tighinn	*coming*
a' tuigsinn	*understanding*
ach	*but*
ag èisteachd	*listening*
ag iarraidh	*wants/wanting*
ag iasgachadh	*fishing*
ag innse	*telling*
ag ithe	*eating*
ag ràdh	*saying*
agam: chan eil __ agam	*I don't have*
agus	*and*
aig	*at*
ainm: b' e __ an t-ainm a bh'oirre	*her name was__*

air	*on*
eòlach air	*know about*
air ais	*back*
airson	*for*
àite	*place*
an àite seo	*this place*
am	*the*
an	*the*
an ath	*the next*
an diugh	*today*
an robh?	*was? were?*
an seo	*here, this*
an àite seo	*this place*
an sin	*there*
an t-ainm: b' e __ an	*her name was __*
t-ainm a bh'oirre	
b' e _____ an	*__ was his name*
t-ainm a bh'air	
an uair sin	*...then...*
ann	*in*
ann an	*in a*
anns	*in the*
aon	*one*
a h-aon	*one*

aonaranach	*lonely*
aran	*bread*
an aran	*the bread*
an t-aran	*the bread*
arain	*of bread*
as brèagha	*the most beautiful*
as dèidh	*after*
athair	*father*
b' e __ an t-ainm a bh'oirre	*her name was ___*
b' e _____ an t-ainm a bh'air	*_____ was his name*
baga	*bag*
bainne	*milk*
bàta	*boat*
beag	*little*
beagan	*a little bit*
beairteach	*rich, wealthy*
bean	*wife*
bha	*was*
a bha	*that was*
bha __ aca	*they had __*
bha __ againn	*we had __*
bha __ aige	*he had __*

bha __ ann	*there was/were __*
bha __ aice	*she had __*
bh'air: b' e _____ an t-ainm a bh'air	*__ was his name*
bho	*from*
bhon	*from the*
bh'oirre: b' e __ an t-ainm a bh'oirre	*her name was __*
biadh	*food*
blasta	*tasty*
blàth	*warm*
bliadhna	*a year*
bliadhnaichean	*years*
bogsa	*a box*
boireannach	*woman*
bòrd	*table*
brèagha	*beautiful*
brònach	*sad, sorrowful*
brot	*soup*
buntàta	*potatoes*
caibideil	*chapter*
càise	*cheese*
càit'?	*where?*
càite?	*where?*

cànan	*language*
caran	*a bit, somewhat*
ceàrr	*wrong*
ceart	*correct*
ceithir	*four*
a ceithir	*four*
cha	*didn't, wasn't*
cha chuala	*didn't hear...*
cha d' thàinig	*didn't come*
cha do dh'ith	*didn't eat*
cha robh	*was not*
cha tuirt i	*she didn't say*
chaidh	*went*
chan	*didn't, wasn't, don't, isn't*
chan fhaca	*didn't see*
chan eil	*is not*
chan eil ___ agam	*I don't have*
chan eil mi	*I am not*
chan fhaca	*didn't see*
chluich	*played*
cho	*so, as*
cho __ ri __	*as __ as __*
choimhead	*looked/watched*
chota	*coat*

chuala	*heard*
chuimhnich	*remembered*
chuir	*put*
chunnaic	*saw*
ciamar?	*how?*
cinnteach	*certain, sure*
clann	*children*
cloinne	*of children*
cnòthan	*nuts*
cò	*who?*
còcaireachd	*cooking, cookery*
coig	*five*
a còig	*five*
coltach ri	*similar to*
còmhla	*together*
còmhla ri	*(together) with*
còmhla ris	*with him/the*
còta	*a coat*
creagan	*rocks*
na creagan	*the rocks*
cuideachd	*as well, also, too*
cuideigin	*someone*
cupa	*a cup*
dachaidh	*home*

dà	*two*
dadaidh	*daddy*
daoine	*people*
na daoine	*the people*
daor	*expensive*
dè?	*what?*
Dè an t-ainm a th' ort?	*What is your name?*
dèanamh	*doing, making*
a' dèanamh	*doing, making*
deiseil	*ready, finished*
dh' fhuirich	*lived, stayed*
dh' ith	*ate*
dh' òl	*drank*
dhà	*two*
a dhà	*two*
dhachaidh	*home*
dhan	*to the*
dhèanamh: a dhèanamh	*to do, to make*
dhen	*of the*
dhen t-seinn	*to go*
dhi	*to her, for her*
dhol: a dhol	*to ther*
dìnnear	*dinner*
docha: 's docha	*maybe, perhaps*

donn	*brown*
doras	*door*
dorais	*of the door*
dorasan	*doors*
draoidheil	*magical*
duilich	*sorry*
duine	*a man/person*
e	*it/he*
eil: nach eil	*is not*
eile	*another, other*
eilean	*island*
an t-Eilean	*the island*
èisg	*fish*
na h-èisg	*the fish (plural)*
èisteachd	*listen, listening*
eòlach air	*know about*
faisg (air)	*near*
falbh	*going away*
a' falbh	*going away*
falt	*hair*
a falt	*her hair*
faochagan	*shellfish*
feargach	*angry*
gu feargach	*angrily*

feasgar	*afternoon, evening*
anns an fheasgar	*in the afternoon*
feumaidh	*need, must*
feumaidh mi	*I need*
feumaidh sinn	*we must, we need*
feumaidh tu a bhith...	*you must be...*
fhaca: nach fhaca ...?	*didn't __ see ...?*
fhathast	*still, yet*
fhèin	*self*
ris fhèin	*to himself*
tha __ agad fhèin	*you yourself have __*
fhin: mi-fhìn	*got, received*
fhuair	*got*
nach d' fhuair	*that __ didn't get*
fon	*under the*
fortanach	*lucky, fortunate*
fuar	*cold*
ga tuigsinn	*understanding her*
gach	*every*
gad thuigsinn	*understand(ing) you*
Gàidhlig	*Gaelic*
ged	*although*
ghoid	*stole*
gille	*a boy*

glasraich	*vegetables*
glè	*very*
gleansach	*shiny*
gorm	*blue*
grianach	*sunny*
gu	*to (something)*
gu bheil	*that __ is*
gu feargach	*angrily*
gu h-obann	*suddenly*
gu luath	*quickly*
gu sàmhach	*quietly*
gun	*without; to the*
gun robh	*that was*
i	*she, it*
iad	*they, them*
iasg	*fish*
an t-iasg	*the fish*
iasgair	*fisherman*
idir	*at all*
Is mise __	*My name is __*
Ist!	*Wheesht!, Shhh!*
ithe	*eating*
ag ithe	*eating*
làithean	*days*

latha	*day*
le	*with*
leabaidh	*bed*
leis	*with the*
lìon	*net*
luath	*fast*
gu luath	*quickly*
madainn	*morning*
maorach	*shellfish*
mar	*like*
math	*good*
math air	*good at*
mharbh	*killed*
mhath: glè mhath	*very good*
mhòr	*big*
mi	*I, me*
chan eil mi	*I am not*
chunnaic mi	*I saw*
feumaidh mi	*I need*
mi-fhìn	*myself*
rinn mi	*I made, I did*
tha mi	*I am*
mìn	*smooth*
mionaid	*a minute*

mo	*my*
mòr	*big*
muir	*ocean, sea*
am muir	*the ocean*
a' mhuir	*the ocean*
Na bi gòrach!	*Don't be silly!*
na doine	*the people*
na shuidhe	*sitting*
na suidhe	*sitting*
nach d' fhuair	*that __ didn't get..*
nach eil	*is not*
nach fhaca ...?	*didn't __ see...?*
nach robh ...?	*was __ not ...?*
nan	*of the*
nas fheàrr (na)	*better (than)*
neònach	*weird, odd, unusual*
nighean	*a girl*
nì	*will do, will make*
ma nì thu	*if you do*
nuair (a)	*when...*
obh obh!	*oh no!*
ochd	*eight*
a h-ochd	*eight*
oidhche	*night*

oir	*because*
pàipear	*paper*
pìos	*a piece*
poit	*a pot*
preasa	*closet*
ri	*to*
cho __ ri __	*as __ as __*
coltach ri	*similar to*
còmhla ri	*with the*
ri taobh	*beside*
riamh	*ever*
ribh	*to you*
rìgh	*king*
a rìgh!	*O king!*
rinn	*made, did*
ris	*to him, to the*
còmhla ris	*with him, with the*
ris fhèin	*to himself*
rithe	*to her*
robh: nach robh...?	*was __ not ...?*
roimhe	*before*
ròin	*seals (the animals)*
ròn	*a seal (the animal)*
rudeigin	*something*

ruith	*ran*
's dòcha	*maybe, perhaps*
sàmhach	*quiet*
gu sàmhach	*quietly*
seachd	*seven*
a seachd	*seven*
seinn: a' seinn	*singing*
an t-seinn	*the singing*
seo: a(n) seo	*here, this*
an àite seo	*this place*
sgeulachd	*a story*
sgìth	*tired*
sheinn	*sang*
shuidh	*sat*
shuidhe: na shuidhe	*sitting (male)*
sia	*six*
a sia	*six*
sin	*that/those*
sinn	*we*
sìoda	*silk*
sìon	*anything*
smaoinich	*thought*
soitheachan	*dishes*
sona	*happy*

stad	*stop*
stad e	*he stopped*
stad iad	*they stopped*
suidhe: na suidhe	*sitting (female)*
sùilean	*eyes*
taigh	*house*
taingeil	*thankful*
taobh: ri taobh	*beside*
teine	*fire*
tha	*is, am, are*
a tha	*that is*
tha ___ againn	*we have*
tha ___ agam	*I have*
thàinig	*came*
thuige	*to him*
thuigsinn: gad thuigsinn	*understand(ing) you*
thuirt	*said*
tì	*tea*
tòrr	*many*
tràigh	*beach*
trì	*three*
a trì	*three*
tuigsinn	*understanding*

ga tuigsinn	*understanding her*
uill, ...	*well, ...*
uinneag	*window*
uinneagan	*windows*
uisge	*water*
an t-uisge	*the water*

Made in the USA
Columbia, SC
30 April 2020